Arbeitsheft 1
Schreiben

von
Dr. Rüdiger Urbanek

Linda Anders
Ursula Brinkmann
Doris Frickemeier
Irmgard Mai
Gabriele Müller

illustriert von
Eva Czerwenka und
Yo Rühmer

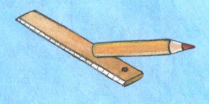

Arbeitsheft 1
Schreiben

von
Dr. Rüdiger Urbanek,
Linda Anders, Ursula Brinkmann, Doris Frickemeier, Irmgard Mai, Gabriele Müller

Redaktion: Imke Pelz
Illustrationen: Eva Czerwenka, Yo Rühmer
Umschlagillustration: Eva Czerwenka
Layoutkonzept und Umschlaggestaltung:
Rosendahl Grafikdesign
Layout und technische Umsetzung:
Ingrid Uhlmann, tritopp Berlin

Spezialbuchstaben
Qu/qu	82
Sp/sp und St/st	83
X/x und Y/y	84
V/v und C/c	85
Pf/pf und -ß	86
-ie und -ck	87
-nk und -ng	88

Übungen zum Buchstabenhaus
Buchstaben im Haus eintragen	4
Anlautbilder den Buchstaben zuordnen	6
Gleiche Anlaute hören (Konsonanten)	7
Gleiche Anlaute hören (Vokale)	8
Kammrätsel: Wörter „verschriften"	9

Textquellen
73 Aus: Edith Schreiber-Wicke/Carola Holland:
Mit Ottern stottern, mit Drachen lachen. Thienemann Verlag, Stuttgart 2006

Bilder
15 Matthias Broneske, Berlin
26 Imke Pelz, Berlin
30 zefa/Creasource, Hamburg
57 von oben nach unten: Blickwinkel/Hecker/Sauer, Witten; dpa – Bildarchiv/Ingo Wagner; Blickwinkel/Hecker/Sauer, Witten; dpa-Fotoreport, Frankfurt/Wolfgang Krumm
63 Aus: Phyllis Root/Axel Scheffler (Ill.): Sam und das Meer. Beltz Verlag, Weinheim/Basel 2006

Kinderillustrationen
70 Justine Sarah Broser, Herten
81 Josefa Kindt, Berlin

Inhaltsverzeichnis

In der Schule
Ich bin ich	10
Silben schwingen	11
Anlaute notieren	12
Wörter verschriften	13
Mein Frühstück	14
Mal so – mal so	15

Auf der Straße
Anlaute notieren	16
Silben schwingen/ Wörter verschriften	17
Kammrätsel	18
Links oder rechts?	19
An der Ampel	20
Auf der Straße	21

Im Herbst
Silben schwingen/ Wörter verschriften	22
Endlaute	23
Der Igel	24
Ein Igel im Park	25
Die Kastanie	26
Herbst-Geschichte	27

Zu Hause
Silben schwingen/ Wörter verschriften	28
Vokale ergänzen	29
Einkaufsliste	30
Wohin mit dem Müll?	31
Freunde	32
Ja, das mag ich ...	33

Gestern – heute – morgen
Silben schwingen/ Wörter verschriften	34
Als ich ein Baby war	35
Mein Tag	36
Das Jahr	37
Was ziehen wir an?	38
Jahreszeiten	39

Hokuspokus
Silben schwingen/ Wörter verschriften	40
au oder ei oder eu?	41
ä oder ö oder ü?	41
Was Hexen lieben	42
So kocht die Hexe	43
Ein Zaubertier	44
Kennst du mich?	45

Mein Körper
Silben schwingen/ Wörter verschriften	46
Mein Körper	47
Unsere Sinne/Mein Auge	48
So ein Pech!	49
Zähne zählen	50
Was ist gesund für die Zähne?	51

Im Frühling
-el oder -en oder -er?	52
Frühlingsblumen	53
Lies und male!	54
Die Tulpe	55
Die Amsel	56
Das weiß ich von der Amsel	57

Am Wasser
Eins – viele	58
Wer macht was?	59
Lies und male!	60
Was schwimmt, was sinkt?	61
Wasserwörter/ Zungenbrecher	62
Sams Brief	63

Auf der Baustelle
Werkzeuge	64
-er oder -el?	65
Berufe auf der Baustelle	66
Was Handwerker tun	67
Treppensätze bauen	68
Mein Wunschhaus	69

Unterwegs
Was ich in den Ferien mache	70
Ferienspaß	71
Im Zoo	72
Tiere im Zoo und anderswo	73
Treppensätze	74
Was weißt du von Fatma und Jonas?	75

Feste im Jahr
Sankt Martin	76
Nikolaus	77
Weihnachtsbaum	78
Mein Wunschzettel	79
Ostern	80
Kennst du die Feste?	81

4 Im Buchstabenhaus die Anlautbilder suchen und die Buchstaben eintragen.

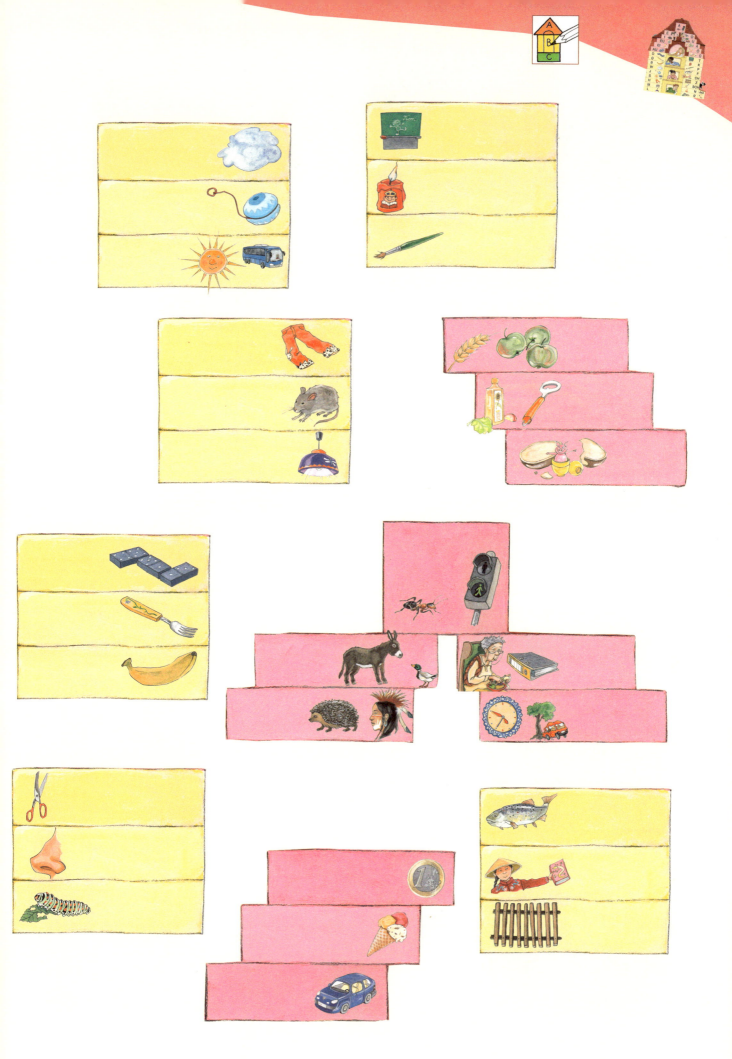

Im Buchstabenhaus die Anlautbilder suchen und die Buchstaben eintragen.

6 Anlautbilder mit Buchstaben verbinden.

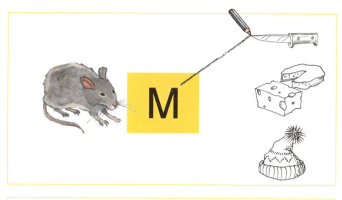 

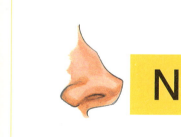  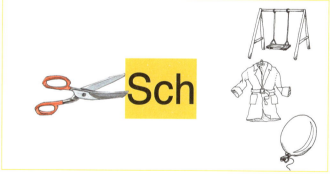

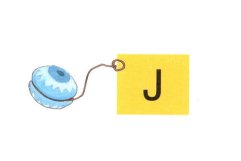  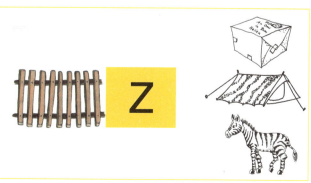

Buchstaben (hier: Dauerkonsonanten) mit Bildern verbinden, die den gleichen Anlaut haben.

7

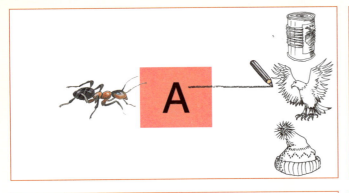 

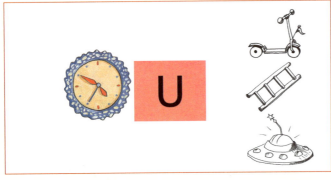 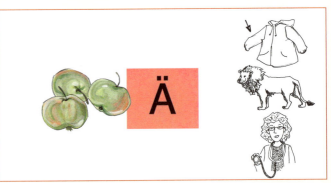

8 Buchstaben (hier: Vokale) mit Bildern verbinden, die den gleichen Anlaut haben.

Wörter „verschriften": Die Buchstaben mit Hilfe des Buchstabenhauses unter die Anlautbilder schreiben.

Ich bin ich

Das bin ich:

10 Namen verschriften: Namen Laut für Laut abhören, das entsprechende Anlautbild im Buchstabenhaus suchen, den gefundenen Buchstaben aufschreiben usw. Ein Bild von sich einkleben oder malen und den eigenen Namen darunter schreiben.

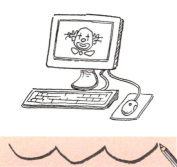  

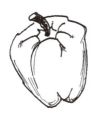  

Silben klatschen/schwingen – Silbenbögen zeichnen.
Differenzierung: Anlaute notieren.

  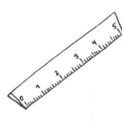 

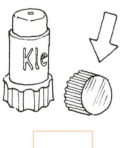   

12 Wörter abhören und mit Hilfe des Buchstabenhauses Anlaute notieren.

Wörter verschriften: Wörter abhören, die gehörten Laute mit Hilfe des Buchstabenhauses notieren.

Mein Frühstück

14 Für ein Schulfrühstück empfehlenswerte Produkte mit dem Korb verbinden und anmalen.
Differenzierung: Das eigene Lieblingsfrühstück aufschreiben.

Mal so – mal so

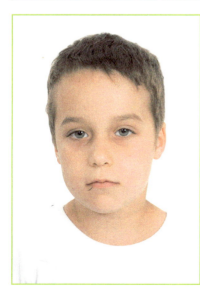

Wörter oder einen Satz oder Text zu den dargestellten Gefühlen
oder zu einem eigenen gefühlsbetonten Erlebnis schreiben oder ein Bild malen
(vgl. Erstlesebuch, Seite 11).

16 Wörter abhören und mit Hilfe des Buchstabenhauses Anlaute notieren.

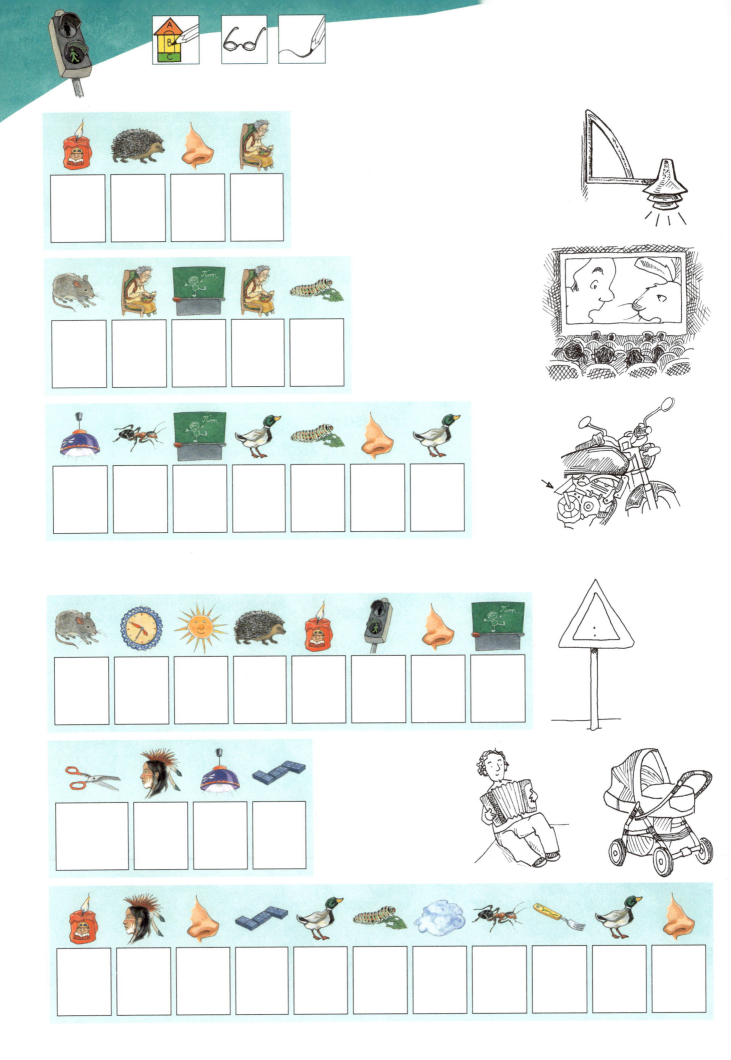

18 Die Buchstaben mit Hilfe des Buchstabenhauses unter die Anlautbilder schreiben.
Differenzierung: Wörter (oder nur Anlaute) lesen und mit den passenden Bildern verbinden.

LINKS oder RECHTS?

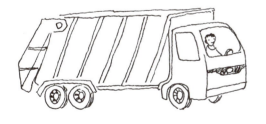

Alle Fahrzeuge, die nach rechts fahren, rot einkreisen (alternativ: Pfeile malen oder R bzw. L darunter schreiben).
Differenzierung: Wörter verschriften.

An der Ampel

20 Lichter der Ampeln entsprechend dem Verhalten der Kinder rot oder grün anmalen;
zu dem Bild schreiben (z. B. rot – warten, grün – gehen).

Auf der Straße

Zu einem oder mehreren Bildern malen oder schreiben (Wort, Satz oder Text).

  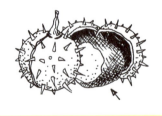

Silben klatschen/schwingen – Silbenbögen zeichnen;
Wörter verschriften.

Endlaute

Eichhörnchen Hu___ Jack___ Mau___

  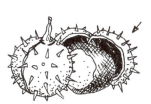 

Fro___ Bese___ Schal___ Stiefe___

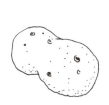   

Kartoffe___ Spinn___ As___ Rege___

Voge___ Wur___ Pfütz___ Kürbi___

Endlaute hören und notieren. 23

Der Igel

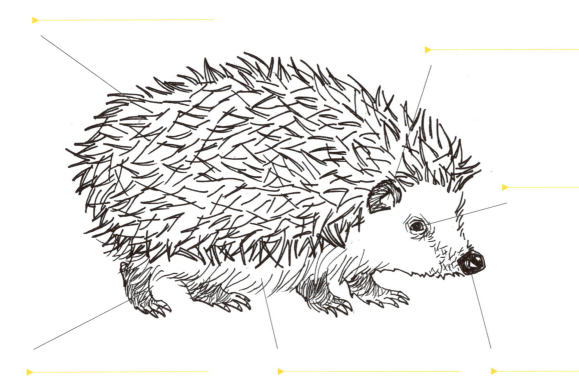

Das frisst der Igel:

24 Körperteile des Igels beschriften, Futter bezeichnen (Begriffe: s. Handreichungen);
Bilder ausmalen.

Ein Igel im Park

Leo hat im Park einen kleinen Igel gefunden. Was nun?

Die Kastanie

Kastanienbaum beschriften (Begriffe: s. Handreichungen).

Herbst-Geschichte

Herbstwörter oder Herbstgeschichte schreiben.

 B**u**ch

 Gl__s

 T__r

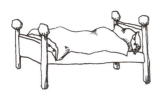 B__tt

 T__pf

 M__ll

 D__sch__

 H__s

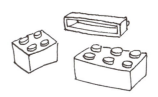 L__g

 S__f__

 Bl__m__

 L__t__r

 __t__

 Fr__nd__

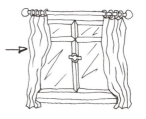 G__rd__n

Vokale (Dachbuchstaben) im Wort rot ergänzen.

Einkaufsliste

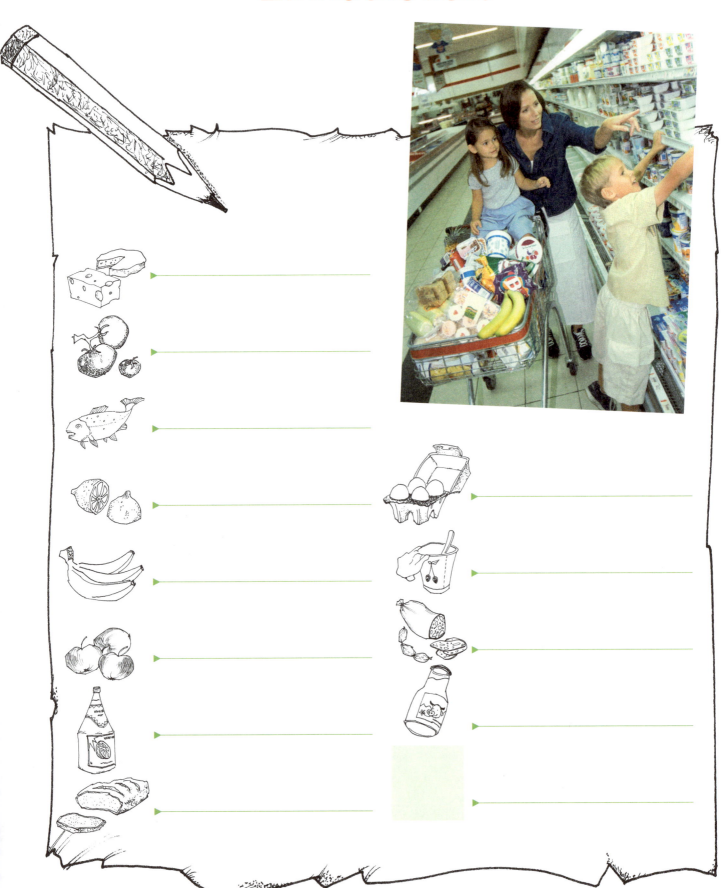

30 Wörter verschriften; in die letzte Zeile ein weiteres Produkt malen und aufschreiben, das man einkaufen möchte.
Differenzierung: Alle Vokale (Dachbuchstaben) im Wort rot markieren.

Wohin mit dem Müll?

Freunde

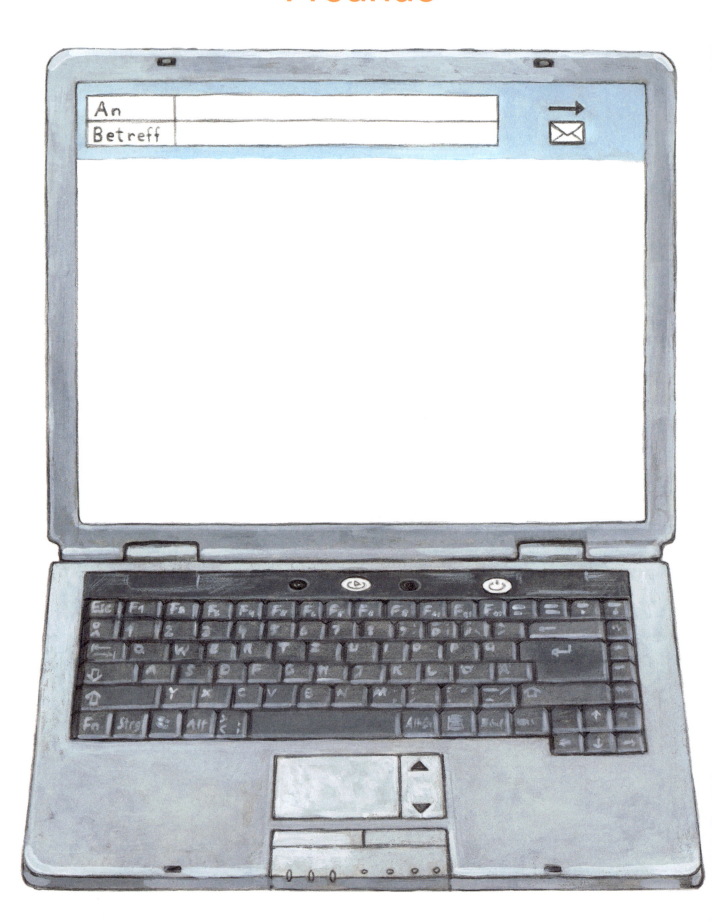

32 Mögliche Antwort Lenas an Tim schreiben (vgl. Erstlesebuch, Seite 32).
Alternativ: Eigene „E-Mail" an eine Freundin oder einen Freund schreiben.

ja
das mag ich

nein
das mag ich nicht

Als ich ein Baby war

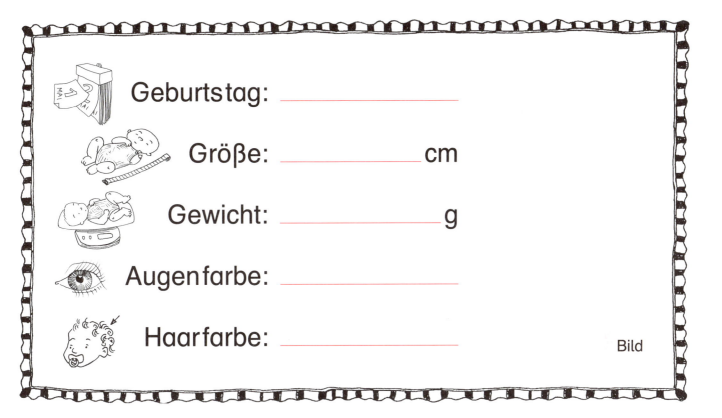

Geburtstag: _____

Größe: _____ cm

Gewicht: _____ g

Augenfarbe: _____

Haarfarbe: _____

Bild

ein lila Elefant

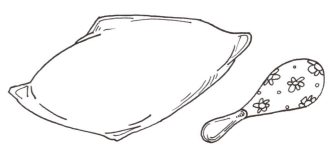

ein rosa Kissen

drei bunte Enten

ein blauer Teddy

Oben: Die Angaben mit Hilfe der Eltern ausfüllen.
Unten: Die vier Objekte entsprechend den Angaben anmalen/zeichnen.

Mein Tag

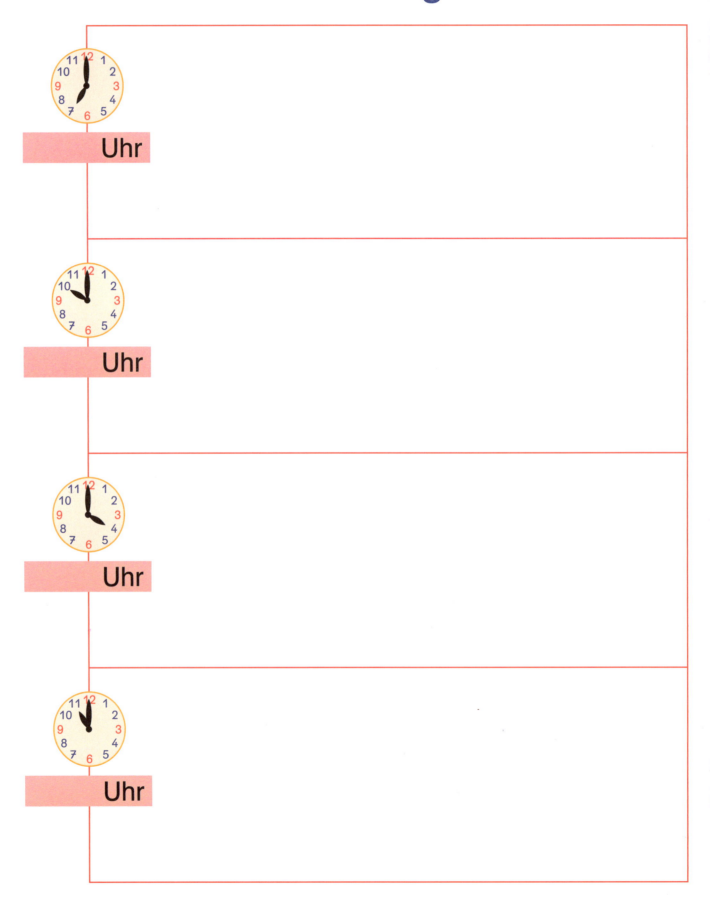

Uhr

Uhr

Uhr

Uhr

36 Uhrzeit eintragen; einen Satz bzw. Text zur jeweiligen Uhrzeit schreiben und/oder ein Bild malen
(vgl. Erstlesebuch, Seiten 38/39).

Das Jahr

① Januar

Oktober
Juni
~~Januar~~
März
September
Dezember
November
Februar
April
August
Mai
Juli

Monatsnamen in der richtigen Reihenfolge eintragen.

Was ziehen wir an?

Frühling 🟢　Sommer 🟡　Herbst 🔴　Winter 🟢

_____

_____

_____

_____

_____

_____

_____

_____

_____

38 Kleidungsstücke bezeichnen; die Kreise farbig entsprechend der Jahreszeit ausmalen, zu der die Kleidung getragen wird.

Jahreszeiten

au oder ei oder eu?

F_eu_er   Z___berer   Schl___m   T___fel

H___s   ___le   S___te   M___s

ä oder ö oder ü?

W___rmer   Kr___te   Schl___ssel   K___fig

R___tsel   T___r   M___rchen   K___nig

Diphthonge (oben) bzw. Umlaute (unten) im Wort rot ergänzen. 41

Was Hexen lieben

Die Sumpfhexe liebt Schlamm und Dreck und Matsch und Kröten.

Die Wasserhexe liebt

Die Knusperhexe liebt

Die Gewitterhexe liebt

Blitze   Krach   Wellen   Torten   Fische   Kekse
Donner   Pfützen   Kraken   Regen   Lollis   Eis
Wolken   Schokolade   Nebel   Sturm

So kocht die Hexe

Hexe Amanda kocht für das Hexenfest.
Sie hat dafür tolle Zutaten gehext.
Was kommt in die Suppe?

Ein Zaubertier

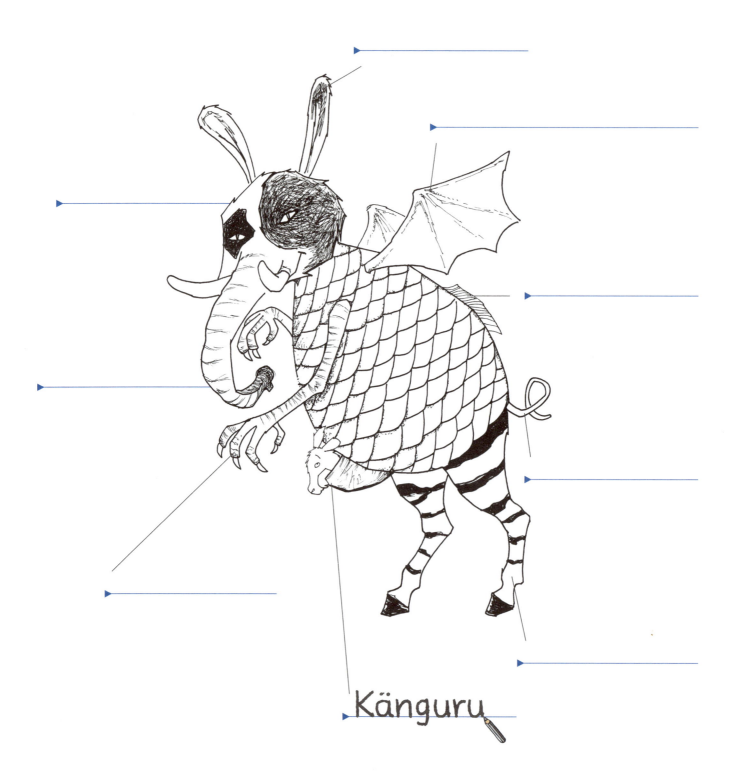

Känguru

Wie nennst du das Tier?

Kennst du mich?

Wer bin ich?
Ich reite
auf einem Besen.
___

Wer bin ich?
Ich habe
zwei rote Zöpfe.
___

Wer bin ich?
Ich habe runde
schwarze Ohren.
___

Wer bin ich?
Ich spuke
in der Nacht.
___

Wer bin ich?
Ich habe
eine Krone.
___

Wer bin ich?
Mein Freund
hat eine Lok.
___

Wer bin ich?
Ich habe eine
seltsame Nase
mit blauen Punkten.
___

Wer bin ich?
Ich ___
___
___

Mit Hilfe des Bildes aus dem Erstlesebuch (S. 44/45) die Rätsel lösen und die Namen der Kinderbuch-Figuren (soweit bekannt) aufschreiben; eigenes Rätsel schreiben und von Partnerkindern lösen lassen.

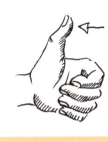

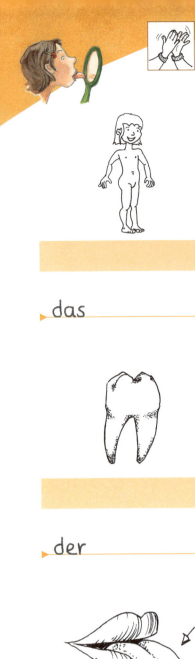

▸ das   ▸ der   ▸ der

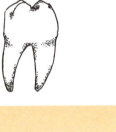      

▸ der   ▸ das   ▸ der

▸ die   ▸ der   ▸ der

▸ die   ▸ die   ▸ die

Silben klatschen/schwingen – Silbenbögen zeichnen; Wörter verschriften.
Differenzierung: Je nach Lernsituation des Kindes zusätzlich Vokale (Dachbuchstaben) in die Silbenbögen eintragen oder/und die Vokale im Wort rot markieren (vgl. Seite 28).

ng ▶ Seite 88

Mein Körper

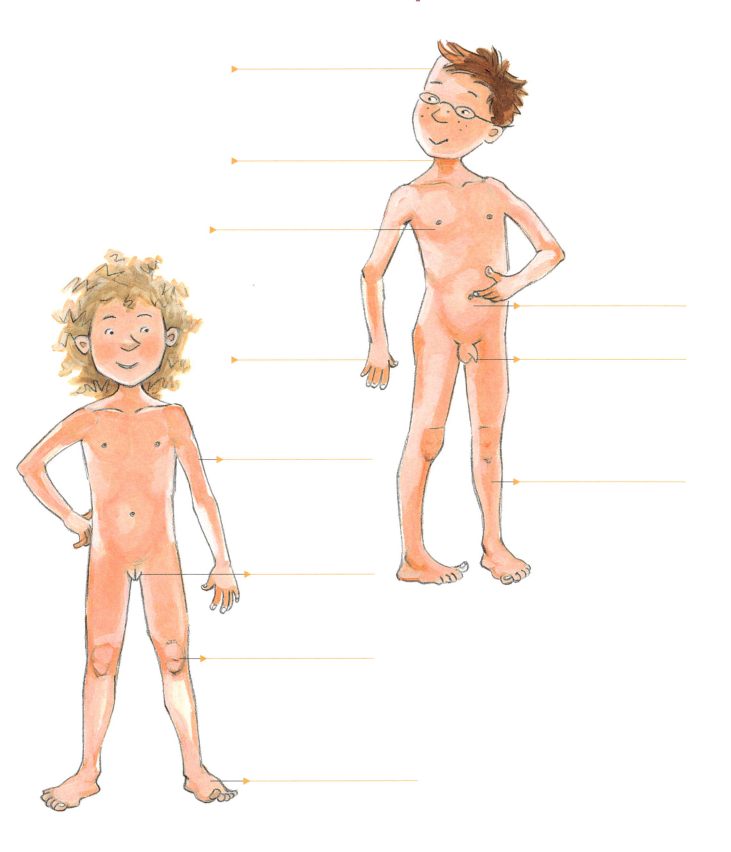

das Mädchen   der Junge

Körperteile beschriften (Begriffe: s. Handreichungen).

Unsere Sinne

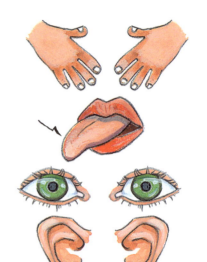

Mit den _____ sehen wir.

Mit den _____ hören wir.

Mit der _____ riechen wir.

Mit den _____ fühlen wir.

Mit der _____ schmecken wir.

Mein Auge

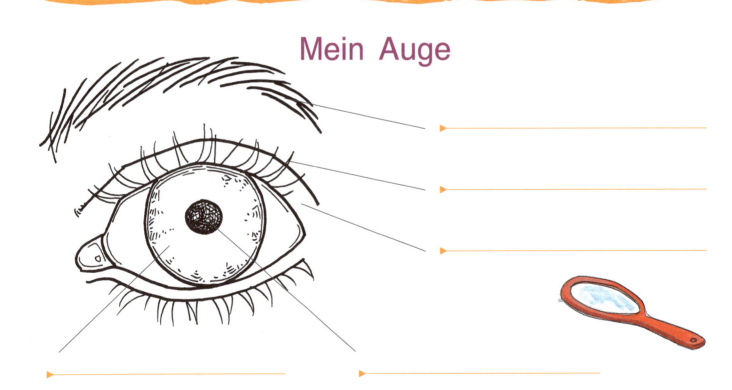

die Wimpern   die Augenbraue

die Pupille   die Iris   das Augenlid

So ein Pech!

Zähne zählen

Schau dir deine Zähne im Spiegel an.
Zähle deine Zähne:

Wie viele Zähne hast du oben? ☐

Wie viele Zähne hast du unten? ☐

Wie viele Zähne sind es insgesamt? ☐

Wie viele Lücken hast du? ☐

Wie viele Wackelzähne hast du? ☐

Wie viele neue Zähne hast du schon? ☐

Wo hast du eine Lücke?
Male den Zahn rot an, der bei dir fehlt.

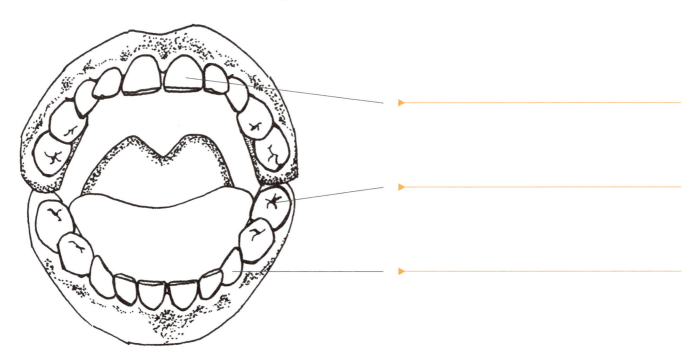

Was ist gesund für die Zähne?

der Fisch

der Käse

die Schokolade

der Lolli

der Salat

das Eis

der Apfel

der Kuchen

die Möhre

das Ei

das Wasser

der Saft

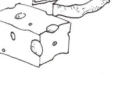

Wörter lesen und mit der Abbildung verbinden; gesunde Lebensmittel anmalen.

-el oder -en oder -er?

Zwieb**el**   Mess____   Gart____   Vog____

 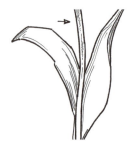  

Blum____   Stäng____   Wurz____   Blätt____

▶ _____   ▶ _____   ▶ _____

▶ _____   ▶ _____   ▶ _____

Oben: Wörter abhören und die richtigen Endungen ergänzen.
Unten: Wörter mit den richtigen Endungen verschriften.

Frühlingsblumen

die **Tulpe**   die **Primel**   die **Osterglocke**

das **Schneeglöckchen**   das **Gänseblümchen**

der **Krokus**   die **Hyazinthe**

Lies und male!

Alle Hasen sind braun.
Der kleinste Hase hat
ein schwarzes Ohr.

Die Eier sind hellblau.
Sie haben braune Punkte.

Im Nest sitzen
vier junge Amseln.
Sie sperren die
Schnäbel weit auf.

Die Wiese ist grün.
Auf der Wiese steht ein Baum.
Tinto spielt mit einem roten Ball.
Am Himmel ist eine Wolke.
Die Sonne scheint.

Die Tulpe

Kennst du die Tulpe?
Die Zwiebel steckt in der Erde. Sie ist braun.
Unten aus der Zwiebel wachsen die Wurzeln.
Oben aus der Zwiebel wächst der Stängel.
Am Stängel sitzen die Blätter.
Die Blüte der Tulpe kann gelb,
weiß, rosa, rot, orange, lila
oder sogar schwarz sein.

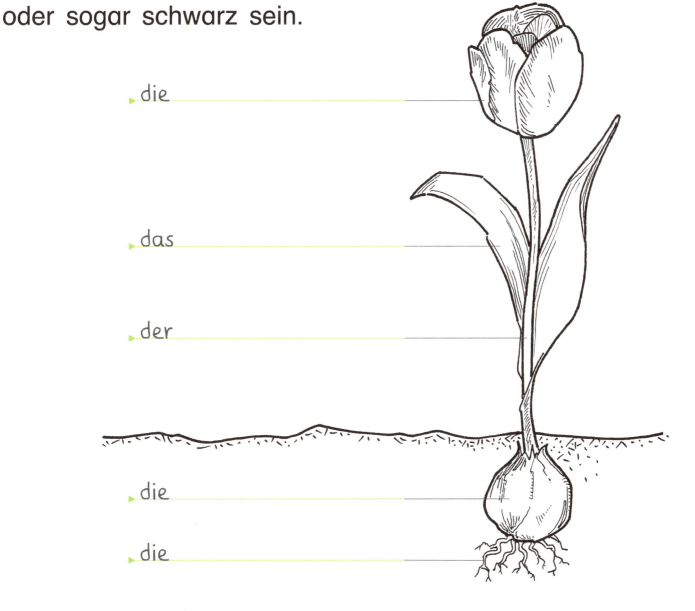

die _____
das _____
der _____
die _____
die _____

Die Amsel

Das Männchen ist schwarz.
Auch die Flügel sind schwarz.
Sein Schnabel ist gelb.
Die Läufe sind braun.
Um die Augen hat es einen gelben Ring.

Das Weibchen ist braun.
Auch der Schnabel, der Schwanz
und die Läufe sind braun.

das Männchen   das Weibchen

Das weiß ich von der Amsel

▶

▶

▶

▶

Bilder erkennen und dazu schreiben (vgl. Erstlesebuch, Seiten 66/67). 57

Eins – viele

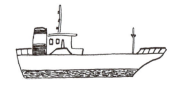

das Schiff — die Schiffe

das Boot

der

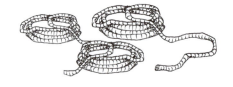

das

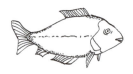

der

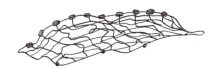
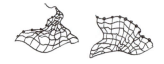

das

58 Einzahl und Mehrzahl bilden und aufschreiben.

Wer macht was?

Der Angler __angelt__ __einen Fisch__.

Der Kapitän _____.

Tinto _____.

Der Arbeiter _____.

Die Kranführerin _____.

Der Hund _____.

~~angelt~~   in dem Kran   ~~einen Fisch~~
läuft   sitzt   durch das Wasser
steht   schwimmt   auf dem Schiff
trägt   über das Dach   einen Sack

Lies und male!

Der Kapitän hat eine
blaue Uniform an.
Die Fahne an dem Schiff
ist rot.

In dem Boot
sitzen drei Kinder.

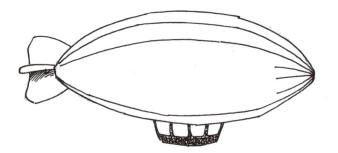

Das Luftschiff
hat den Namen „Adler".

Der Angler hat drei Fische gefangen.
Sie sind in seinem Eimer.

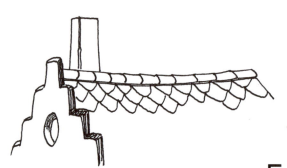

Tinto läuft über das Dach.
Er hat einen Fisch im Maul.

Was schwimmt, was sinkt?

das schwimmt	das sinkt

Wasserwörter

schwimmen　　Welle　　Bach　　Dach
nass　　singen　　spritzen　　Regen
Meer　　Pfütze　　tropfen　　schlau
Fluss　　baden　　Buch　　See　　plätschern

schwimmen, _____

_____

_____

Zungenbrecher

Lies und mach nach jedem Wort einen Strich:

Fischers|FritzfischtfrischeFische.

AngelaangeltalteAaleamAbend.

WarmeWellenweckenweißeWale.

SchwereSchlepperschleppenschöneSchiffe.

SiebenSeesternesummenSeemannslieder.

Sams Brief

Sam erlebt viel auf seiner Reise
mit der „Rattenpfote".
Er schreibt einen Brief
an seine Freunde
und wirft ihn
mit der Flaschenpost ins Meer.

Liebe Freunde!

▶ _____

_____

_____

_____

_____

_____

Viele Grüße,
Sam

Werkzeuge

▸ _____   ▸ _____

▸ _____   ▸ _____

▸ _____   ▸ _____

▸ _____   ▸ _____

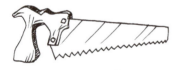

▸ _____   ▸ _____

▸ _____   ▸ _____

❶ Schreibe die Wörter.

❷ Was gehört zusammen? Verbinde.

❸ Was findet man auf der Baustelle? Male es an.

-er oder -el?

das Kab____   das Mess____

der Mört____   die Mutt____   der Bagg____

die Leit____   die Schauf____

der Hob____   der Nag____   der Misch____

-er	-el

1 Schreibe die richtige Endung auf.
2 Ordne die Wörter in die Tabelle ein.

Berufe auf der Baustelle

① Ich streiche die Wände an.
Dazu benutze ich Pinsel und Farben.
Meine Leiter habe ich immer dabei.

② Kein Regen soll
ins Haus gelangen.
Deshalb befestige ich Dachziegel
auf den Dachlatten.
Das Dach ist hoch und steil,
aber ich habe keine Angst.

③ Ich verlege Stromkabel
im ganzen Haus.
Wenn ich arbeite,
muss der Strom
abgeschaltet werden.
Mit einem Schraubendreher
schließe ich die Steckdosen an.

❶ Lies einen Text.
❷ Schreibe die Textnummer zum Bild.
❸ Schreibe den Beruf dazu.

Was Handwerker tun

fl_itzen ___agen ___ettern

___eppen ___ehen ___eben

___itzen ___echen ___eichen

___eiden ___agen ___inken

1 Ergänze den Anfang der Wörter.

Wortanfänge mit Konsonantenhäufungen ergänzen. **67**

Treppensätze bauen

③ eine Treppe   ② baut   ① Der Schreiner   ④ zum Dachboden

Der Schreiner
Der Schreiner   baut
Der Schreiner   baut   eine Treppe
Der Schreiner   baut   eine Treppe   zum Dachboden.

② klebt   ○ an die Wand   ① Die Malerin   ○ Tapete

▸ Die Malerin
▸ Die Malerin   klebt
▸ _____
▸ _____.

○ Beton   ○ zur Baustelle   ① Der Mischer   ○ bringt

▸ Der Mischer
▸ _____
▸ _____
▸ _____.

① Lies die Sätze und schreibe weiter.

68 Sätze aus vorgegebenen Satzteilen bauen.

Mein Wunschhaus

1. Male dein Wunschhaus.
2. Schreibe eine Geschichte über dein Wunschhaus.
Wie sieht es aus? Was kannst du darin machen?

Was ich in den Ferien mache

schlafen — ich schlafe

spielen — ich spiel

gehen — ich

essen —

fahren —

Ich _____ in den Zoo.

Ich _____ Fahrrad.

Ich _____ mit dem Ball.

Ich _____ ein Eis.

Ich _____ im Zelt.

1 Ergänze, was fehlt.

Ferienspaß

1 Was möchtest du in den Ferien tun?
Schreibe es auf.

Eine kleine Geschichte schreiben.

Im Zoo

Im Wasser schwimmen drei Seehunde.
Einer spielt mit einem roten Ball.
Auf der Rutsche ist noch ein Seehund.
Neben der Rutsche liegt ein grüner Ring.
Der Wärter füttert einen Seehund mit einem Fisch.
Im Eimer sind noch mehr Fische.
Die Kinder haben beide ein Eis in der Hand.
Der Mann hat eine blaue Hose an.
Die Frau hat einen grünen Hut auf.

1 Lies und male.

Tiere im Zoo und anderswo

Erwachen hungrige Bären im Mai,
dann ist ihr Winterschlaf <u>vorbei</u>.

Der Dachs mag seine Streifen sehr,
am liebsten hätte er noch _____.

Anstatt mit einem kühnen Sprunge
jagt das Chamäleon mit der _____.

Den Esel hört man klagend schrein –
wer will schon gern ein Schimpfwort _____.

Zwei lange Ohren hat der Hase,
auch zuckt er häufig mit der _____.

Edith Schreiber-Wicke

❶ Lies die Reime.
❷ Ergänze die fehlenden Reimwörter.

Reime lesen und fehlende Reimwörter sinnvoll ergänzen. 73

Treppensätze

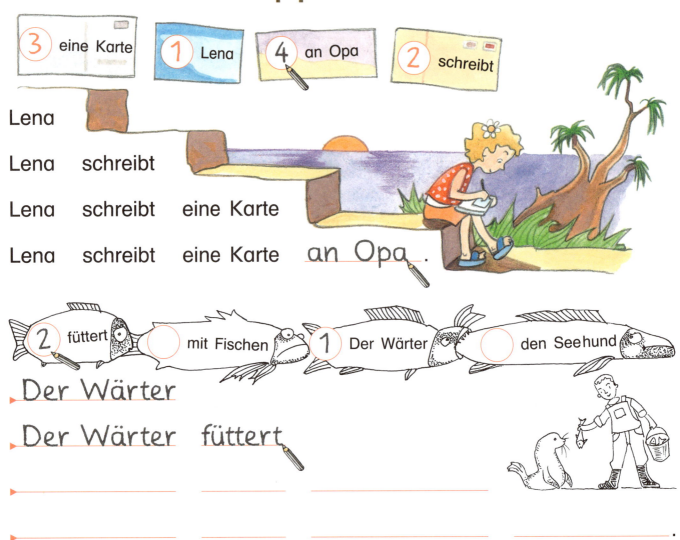

Lena

Lena schreibt

Lena schreibt eine Karte

Lena schreibt eine Karte an Opa.

Der Wärter

Der Wärter füttert

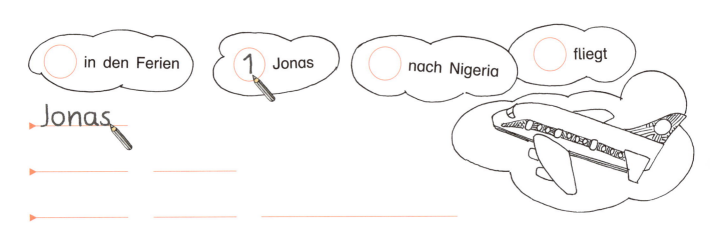

Jonas

① **Lies die Sätze und schreibe weiter.**

Was weißt du von Fatma und Jonas?

① Wohin fährt Fatma in den Ferien?

② Wen besucht Fatma?

③ Welche Sprache spricht Fatma mit ihrer Oma?

④ Wie heißt „Günaydın" auf Deutsch?

① Wohin fliegt Jonas?

② Wen besucht er dort?

③ In welcher Stadt wohnt sein Onkel?

④ Welche Sprache lernen die Kinder in der Schule?

1 Lies die Texte im Erstlesebuch (Seiten 90 und 91).

2 Beantworte die Fragen.

Die Texte im Erstlesebuch (Seiten 90/91) aufmerksam lesen (**Differenzierung:** hören); die zugehörigen Fragen beantworten.

Sankt Martin

Nikolaus

Was ist im Sack?

Aufschreiben, was der Nikolaus im Sack hat.

Weihnachtsbaum

Alle Kugeln sind rot.
Oben auf der Tanne
leuchtet ein goldener Stern.
Die Äpfel sind rot und gelb.
Unter dem Baum
liegt ein blauer Ball.
Neben dem Ball liegen
eine Puppe und _____

_____

Mein Wunschzettel

Wünsche aufschreiben und malen.

Ostern

Der braune Hase hockt ____auf____ dem Tisch.

Das rote Ei liegt _____ dem Schrank.

Das grüne Nest steckt _____ dem Kissen.

Die Tafel Schokolade liegt _____ dem Sessel.

Das Hasenbuch lehnt _____ Tischbein.

Das gelbe Küken sitzt _____ dem Regal.

Tinto ist _____ Schrank.

~~auf~~   auf   am   hinter   unter   im   vor

Präpositionen passend zum Bild einsetzen.

Kennst du die Feste?

Hier stellen viele Kinder über Nacht einen Stiefel vor die Tür.

Geburtstag

Rote, gelbe, blaue Eier, Eier in allen Farben sind versteckt.

Ostern

Den feierst du, wenn du wieder ein Jahr älter geworden bist.

Nikolaus

Das Fest feiern die Muslime, wenn der Fastenmonat vorbei ist.

Weihnachten

Das Fest feiern die Christen, weil vor zweitausend Jahren Jesus geboren wurde.

Zuckerfest

Spezialbuchstaben

Die Buchstaben im Keller
des Buchstabenhauses
sind etwas für Profis!
Genaues Abhören der Laute
hilft dir zunächst nicht weiter.
Du musst wissen,
welche Buchstaben hier gebraucht werden.
Auf den nächsten Seiten kannst du
alle Spezialbuchstaben üben.

Qu qu

Qualle

der Quirl

die Querflöte

die Kaulquappe

das Quartett

die Quelle

das Quadrat

82 Oben: Buchstabenkärtchen jeweils nach der Bearbeitung einkreisen, dazu passenden Gegenstand anmalen oder verbinden.
Unten links: Wörter verschriften, Qu/qu einkreisen; unten rechts: Qu/qu einkreisen, Wörter lesen und mit den Bildern verbinden.

Sp sp — Spinne

 das Spiel
 die Spritze
der Anspitzer
die Spardose
der Spiegel
die Spagetti

St st — Stern

der Stiefel
der Storch
die Straße
der Schornstein
der Stuhl
der Buntstift

Links: Wörter verschriften, entsprechenden Laut einkreisen; **rechts:** Laut einkreisen, Wörter lesen und mit den Bildern verbinden.

83

X x

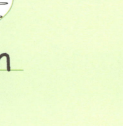

Xylofon

das Lexikon

die Axt

die Box

die Nixe

der Text

Max

Ich bin Fatma.
Ich bin 6 Jahre.

___

 Yak

Y y Baby

das Hobby

die Python

die Pyramide

das Pony

der Yeti

die Hyazinthe

___acht   Z___linder

Tedd___   Hand___

Manchmal klingt das **y** auch wie **ü**.

84 Oben links: Wörter verschriften, X/x einkreisen; oben rechts: X/x einkreisen, Wörter lesen und mit den Bildern verbinden.
Unten links: Y/y ergänzen und einkreisen; unten rechts: Y/y einkreisen, Wörter lesen und mit den Bildern verbinden.

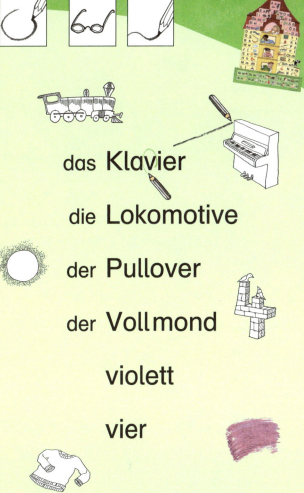

V v

Vogel
Vase
K___
___
___

das Klavier
die Lokomotive
der Pullover
der Vollmond
violett
vier

C c

Computer
Cent
___omic ___ola
___amping ___reme

der Clown
die Currywurst
das Café
die Cornflakes
das Popcorn
circa
ungefähr

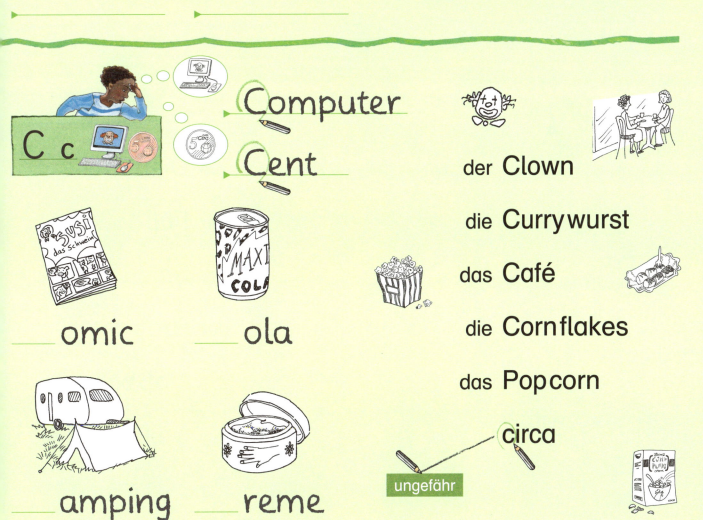

85

Pf pf

Pferd

der Pfirsich
die Pfote
der Kopf
der Strumpf
die Pfeife
der Dampfer

-ß

Fuß

die Gießkanne
der Fußball
der Spieß
der Großvater
das Maßband
weiß

86 **Links:** Wörter verschriften, entsprechenden Laut einkreisen; **rechts:** Laut einkreisen, Wörter lesen und mit den Bildern verbinden.

 -ie  Knie

 die **B**iene
 die **Z**iege
 der **S**tiefel
 der **R**iese
 der **S**piegel
 sieben

---

 -ck  Sack

 die **B**rücke
die **S**chnecke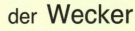
der **W**ecker
 die **D**ecke
der **R**uck**s**ack
der **F**leck

87

Links: Wörter verschriften, entsprechenden Laut einkreisen; rechts: Laut einkreisen, Wörter lesen und mit den Bildern verbinden.

-nk

Bank

die Funken
der Punkt
die Schranke
die Klinke
der Schinken
die Tankstelle

-ng

Ring

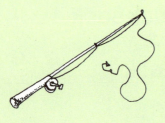 

die Zeitung
der Engel
die Zunge
die Klingel
der Schmetterling
der Junge

88 Links: Wörter verschriften, entsprechenden Laut einkreisen; rechts: Laut einkreisen, Wörter lesen und mit den Bildern verbinden.